팽나무 밑동 북쪽에 핀 이끼

배순옥 시집

시와
사람

팽나무 밑동 북쪽에 핀 이끼

2024년 10월 25일 인쇄
2024년 10월 30일 발행

지은이 배순옥

펴낸이 강경호 편집장 강나루 디자인 정찬애
펴낸곳 도서출판 시와사람
등록 1994년 6월 10일 제 05-01-0155호
주소 광주시 동구 양림로 119번길 21-1(학동)
전화 (062)224-5319   E-mail jcapoet@hanmail.net

ISBN 978-89-5665-743-1   03810

공급처 ■ 한국출판협동조합
경기도 파주시 탄현면 오금로 30
주문전화 (02)716- 5616, 070- 7119- 1740

· 잘못된 책은 구입하신 서점에서 바꾸어 드립니다.

이 도서의 국립중앙도서관 출판예정도서목록(CIP)은
서지정보유통지원시스템 홈페이지(http://seoji.nl.go.kr)와
국가자료종합목록 구축시스템(http://kolis-net.nl.go.kr)에서
이용할 수 있습니다.

ⓒ 배순옥, 2024
저작권에 의해 보호를 받는 저작물이므로
출판사와 저자의 허락 없이 무단 전재와 복제를 금합니다.

팽나무 밑동 북쪽에 핀 이끼

작가의 말

어둠을 열고 달을 가져옵니다
떠내려가던 나는
여전히 닻을 내리지 못하고
밀려드는 파도 속에
숨도 쉬지 못한 채 엎혀있습니다
궁금해하던 하루는
말없이 비껴가고
내 안의 가을이 치열하게 몸부림칩니다
두렵지만 두렵지 않게
마음의 문양을
낙관落款처럼 새겨 넣습니다

덜컹거리는 늦가을 뒤에서
배순옥

팽나무 밑동 북쪽에 핀 이끼 _ 차례

작가의 말 · 6

1부 가끔은 타인이 되어

16   가끔은 타인이 되어
17   팽나무 밑동 북쪽에 핀 이끼
18   외로움
19   잔설殘雪
20   기립
21   오동도 판화
22   노파의 실금웃음
24   박꽃
25   상상의 터미널
26   출항, 알 수 없는 떨림
27   천둥
28   묵호항
29   내 면의 저녁
30   주름의 기록
32   탄생
33   피아노 그리고 나

삼각 변주곡變奏曲　34
소리 밑동 다 열고　36
위기의 기후　38
내 몸이 포도주를 읽다　39

2부　詩, 그 환한 알들

詩, 그 환한 알들　42
문 없는 입구　43
詩를 심다　44
詩作　45
생명　46
시詩에 대한 모반謀反　48
詩·1　50
詩·2　51
광대　52
부조화의 조화　54
석양이 동해를 잡다　56
그믐달　58
몸무게　60

62 　진실
64 　이명
66 　가슴벌레

3부　다시, 동백

68 　다시, 동백
69 　묵비권
70 　무청 말리다
71 　늘 고봉밥의 언어였다
72 　아버지의 밥상 건반
74 　기억의 저항
76 　젓갈 내리다
77 　모정
78 　축제 뒤편
79 　그리움이 너를 놓지 않았다
80 　여수에 물들다
82 　나를 불러들인 나라
84 　自我, 결코 달아날 수 없는
85 　나의 현주소

피아노 그리고 고뇌　86
기억의 문　87
화암사를 가다　88
허방, 마침표 유령처럼　90

4부　너에게

너에게　92
조용한 결별　93
어느 날, 바다　94
수선화　96
空　98
말벌집　100
이면의 구속　101
마음의 오지　102
문무대왕수중릉　104
이산의 아픔　106
베팅Betting　108
술　110
사공과 나룻배　111

112 실직자의 배후?
113 소리, 육체를 얻다
114 뜨거운 기억
116 경계人
117 장대비

| 평설 |
118 생수 한 모금의 시, 그 샘자리에 서다 | 김종

팽나무 밑동 북쪽에 핀 이끼

제1부

가끔은 타인이 되어

가끔은 타인이 되어

가끔은 탐욕이
보리밭처럼 촘촘히 자라고 있다

휘청거리다
갇힌 그늘의 구름같이

나의 중심에 맴돌던 나는 없다

내 안에 고여 있는
몸 벗은 마음도 없다

새싹 몇 개가
땅 껍질을 열치고
세상에 없는 나를 깨운다

나는 이제
누구의 소유도 아니다
다만

나를 읽어가는 나일 뿐이다

팽나무 밑동 북쪽에 핀 이끼

이끼의 일생은 습濕을 만나는 것

팽나무 밑동 북쪽 경계 안의
너의 모습

녹색 몸피에
아무개가 목수의 마음으로 끌질한 두 글자
온몸에 파인 그 꽃글자

파랗게 보인다

소낙비 사이로 빠져나온 햇살에
후다닥 몸을 숨기는
너의 얼굴

먹장구름이 지나가다 굵은 비를 내려준다

나를 닮았다

외로움

나는 용접봉 파란 불끝 뜨거움으로

10밀리미터 철판보다 두꺼운

그 두께를

기어이 잘라내고 있다

가장 소중하게

잔설殘雪

느티나무 속에서 생명 하나 보았다

소리내어 울지 않았으나 흠뻑 얼어

눈 부릅뜬

꼬리만 남은 배후, 이름 잃은 너의 얼굴이다

새끼봄이 생겨 있다

기립

이미 도착한 숨결이 뒤늦은 숨결을 불러들이고

땅은 쿵쾅거리는 심장으로
봄 하나씩 들어 올린다

울음을 소장해 온 동백은 언 공기 곁살 아래
붉은 젖꼭지를 품고

바람의 입술로 헛구역질해대는
진달래 수선화 산수유

사방이 대지진이다

연둣빛 생을 업고 층계를 속속 올라온
저 치밀한 봄의 얼굴

동자승이 한 무더기 햇볕 속으로 손을 담근다

오동도 판화

샛바람이 동백에 발을 담그면

바다자궁 속까지 달라붙은

붉은 낙관

밑그림도 없이 찍혀 있다

겨우내 버티고 긁다 살점 터진

만개滿開 꽃

울 엄니 얼굴

노파의 실금웃음

학동시장 한쪽 귀퉁이
방석만한 땅바닥에 서너 주먹쯤 되는 달래를 앞에 놓고
노파가 입을 떼지 못한다

산비탈 아래쪽을 몇날 호미로 더듬어 모았을
백발의 굽은 손
딱하게도 내 몸속에 시린 바람 끝 같은 것이 파고든다

조선낫처럼 휘어진 저 모습
쩍쩍 벌어진 논바닥 같은 주름살

못 견디게 선한 얼굴이
다 찢겨진 청바지 맨살 보이듯
뭉텅뭉텅 내보인 노파의 지친 눈동자를
지워내다 만다

꼭꼭 몸속으로 숨어든 가난의 그 젖줄

나는 쿡쿡 쑤시는 흉통을 밀어내며 몇 발자국 옮기다
다시 오백원짜리 동전 몇 개 쥐고

노파가 있는 쪽으로 되돌아간다

새똥만한 새싹이 굽은 등 발밑에서 새초롬하게 올라온다

노파는 찬찬히 내려다보다 실금웃음을 품는다

박꽃

수북한 밤을 벗느라 고요도 환한
동그라미 음문陰門

후끈 단 몸
정표인 듯 속살 박힌 촉수가 뜨겁다

쿵쾅, 심장 뛰는 소리

썰썰한 물소리 엉겨붙어
밤의 등짝 덥석 안고 몸을 여는

저 하얀 꽃

황적색 해를 업고 달로 뜬 詩의 집

내 가난한 시 한 편도 들어가 살것다

상상의 터미널

나그네 한 명 없이도 파도와 자국눈 몇 개 싣고
시간표대로 떠나는 배여

뭍과 다도多島와 오만 사연 이어주는 핏줄 같은
얼룩무늬 작은 배여

술잔만 한 장사도는 저 석양판 아래 숨었는데
표류하는 갈매기 울음은 섬이 되었는데

제비꽃 달고 떠다닌 허름한 돛배는
무수한 파도만 싣고 어디로 떠가는가

출항, 알 수 없는 떨림

구름 뒤쪽

무등산 송이눈바람에 흘러다니다

벗어놓은 반달의 입술

광주천 물결에 얹힌 채 겨우 폭설이 되었을까

청춘의 잎새주잔 추억을 적어넣고, 다시

분홍꽃 피우려 가슴 한쪽 헐어내는 돛배

수정될 수 없어

만삭의 땡볕보다 더 뜨거운

천둥

무선을 내리 뚫고 달팽이관에 불시착한다

벼락 같은 비보
그의 얼굴이
장대비 끝에 두껍게 달궈진 채 매달린다

쩌억적 금이 가는 내 몸뚱이 아래쪽
번개모양으로 뻗어나가는
통증

중독된 슬픔이 창궐하는
순간의 발작
뼈가 녹아내려 강물이 된다

평생 결제 못한
외상값이 몇 바지게인데, 나는
속세에 갇혀 있고

그가 움켜쥐었다 놓아버린 이승의 끈

나는 그를 몸속에 오래 품고 있다

묵호항

오징어 배 출항하듯 떠가고

주머니에 손만 넣어도 물씬 잡히는
얼굴

정지화면같이 파고들었다
빠져나가는

긴 적막 한 편

생기 있는 비문으로 우뚝 서 있다
해독할 수 없는 문장처럼 詩가 된 그가, 아직도

일몰 앞에 몸 푸는 등대처럼
고요를 붉게 물들이는

내 면의 저녁

숭고해서 생생한
상사화 방갈로 담장 밑에 숨었다

꽃목 위로
파도가 들친 초록 양철지붕 한 채
문패도 대문도 없는 집

내 본적지만 빈집처럼 남아서 겨우
찬란하게 기억해낸,
심장에서 되물림 되는 그 얼굴

고맙소
내 마음 비좁게,
고맙소

주름의 기록

채석강 벽이 파도를 밀어낸 자리마다
주름이 빼곡하다

파도의 말을 적어놓은 적벽과
낱장마다 누대 연인들의 밀어를 기록해 둔
평상바위

눈 높도록 사랑했던
내 님의 숨소리도 촘촘하게 박힌

적요가 붉다

지치도록
잊혀질까 덜컹거리던 추억이, 아직도
울음얼룩으로 번지는

수직의 저 풍경

비밀문건 같은 내력이
수만 권의 책으로 층층 쟁여져 있다

〉
일말一抹의 질책도 이별도 없이 생생하다

탄생

검은 건반이 손가락 끝을 움켜쥐고 안간힘을 쓴다

일생의 청구서가 산적한

허공 속

흰 눈 같은 생명 풀어놓으니

툭 불거진 열 손톱에 피가 펄펄 낭자하다

온몸 건드릴수록 아랫도리를 휘젓는

충만한 저 울음

꼿꼿하고 필사적이다

피아노 그리고 나
- 독주회

허공에 소리를 올린다

가슴을 움켜쥐니 늑골 아래까지 번져 아프다

온몸에 들어 선 가락은 살점이다

떠밀려온 소리의 파동이 멸치떼처럼 밀려든다

들끓는 심장의 손가락이 뜨겁다

나는 비로소 소리에 소리를 가둔다

내 안의 나를 북 치듯 두드린다

건반을 만난 손은 희고 검은 몸이 되었다

모두가 기립이다

삼각 변주곡 變奏曲
- 헌정 연주회

몸 없는 자궁이 소리를 낳는다

그 소리 뒤쪽에
어제의, 울음 끈을 잡고

입 앙다문 채
자신을 꺼내려 힘을 모으는
응축된 단전의 움직임

한치 흔들림 없이 제몸 지렛대 삼아
천 개의 물결처럼 회절 回折 한다

더 낮은 비명
칼날 같은 천둥소리

순간, 저항과 굴절로 변주되어 태어나는
저 뜨거운 아이

아무것도 없이 꽉 찬 무대

〉
오늘 나는
아버지 갈비뼈에서 직조된 꽃대궁
오직 하나뿐인 삼각 변주곡이다

소리 밑동 다 열고

산모 같은 음들 토해내는 마음이 겹다

소리는 퍼지는 순간
뿌리 뻗으려고 허공 속을 견디고

파도처럼 포효하는
이 전율

건반 밑동
하나하나 갈기 세워
열락悅樂 같은 진통을 뱉어낸다

쉼표도
마침표도 없이
휘몰아치다가 숨죽이다가

다시, 긴-호흡

소리가 소리를 업고
허공의 숲으로 멀어진다

〉
객석에서 누군가, 제 속 누런 고름 터트리는지
눈가에 습이 뜨겁고

마음이 죄다 헐려
텅- 빈 몸

중심뿐인 소리가 울림으로 그득하다

위기의 기후

겨울나비가 챙겨온 씨앗 하나를
2월 한쪽 바닥에 툭 내던지니

성질 급한 봄녀석이
3월을 버리고 황망한 2월로 환승한다

개나리 피고
산수유 피고
휘둥그레진 송아지 눈빛도 초록 들판에 뛰어든다

동해바다 명태까지 물길을 갈아탄다

내 몸이 포도주를 읽다

생혈生血로

허락도 없이 부풀어 오르는

붉은 꽃, 너는

혀끝에 꽁꽁 달라붙은 어질머리

내밀한 환승역이다

제2부

詩, 그 환한 알들

詩, 그 환한 알들

미처 몸속에서 빠져나오지 못한 언어는
늘 만삭입니다

천방지축 달궈진 문장마다 불법 인출된 시어는
끈덕지게, 등
뒤쪽에 붙어 발굴되고

보석으로 묻어두었던 고독, 내 몸이 외우고 나서야
도공의 뿌리 내린 눈부신 울음인 줄

겨우
알았습니다

문 없는 입구
- 퇴고

첫 줄은 늘 뼈가 시리고

회색 고양이가 몸속으로 들어왔다
모든 출구를 봉쇄 당한다

질서 없이 떠다니는 문장의 벌판
발가벗은 의식의 부피가 거머리 떼처럼 기어다닌다

이목구비도 없이 달려드는
상상의 반란

하루를 쓰고 또 우는
쪽창 하나 없는
사각의 방

문틈을 툭, 치고 여린 햇살이 든다

詩를 심다

날개 접은 나비 한 마리
기별 없이 마냥 상현달로 뜨더니만

경이롭게 순정한 얼굴로 울타리 넘어와서
사과꽃 핀 마당에 가만가만 흘러 앉았습니다

꼼지락거릴수록 가득 들어찬 내 구석 같은
초록의 낱말

절절하게 끊어낸 그 시어 하나

건반 위 쩍쩍 갈라 터진 손가락 그 끝쯤에
눈부시게 파닥이는

발정난 시 한 편

가슴밭에 얹습니다

詩作

신안 염전 밭에 하얀 꽃이 들어찼다

중천에 떠 있는 햇볕을 움켜쥐고
바다가 물고 온 파도의 꼬리를 죄다 떼어 낸 자국

소금 박힌 詩 한 줄이 얹혀 있다

기억 뒤편
울타리도 없이 공허로 묶인

고독의 몸짓

석양 밟고 선 詩人의 발등이 촉촉하다

생명

안채와 사랑채가 헐린 해묵은 집터에
붉은 접시꽃 끊어내고 '현위치땅매매' 푯말이 생겼다

몇 개의 텅 빈 집터를 뚫고 날아든 나비가
등 굽은 산 하나 끌어다 현 위치 땅바닥에 꾹꾹 내려놓고
새 길을 만들며 떠간다
슬픔이 꼬박 들어찬 날갯짓이다

나는 두서 걸음 걷다 뒤를 본다
아낙네는 끊어진 꽃대를 보며
혓바닥 깊은 데서 툭 튀어나오는 소리, 쯧쯧
그녀의 표정이 몇 십번 퇴고된 詩다
속마음이 다 시든 상추잎 같다

밑동이 잘린 접시꽃
한쪽 귀퉁이에 버겁게 버티고 있는
생의 한 무더기

순간 놀라 꽁꽁 얼어붙어서인지
온몸의 수분을 퍼 올려서인지

아직 꽃은 그대로 펄펄 웃고 있다

나는 한쪽에 몰려 있던 돌멩이 몇 개 가져다
기둥을 세우고 그늘을 만들어 주었다

시詩에 대한 모반謀反

그대는 명품인 줄 알았다
천 원으로도 남에게 행복을 줄 수 있고, 작은 것으로도
무한가치를 나눌 수 있는

그러나 그 민낯은
단돈 천 원을 쓰레기라 남의 눈물 무참히 짓밟아버리는
구멍 난 공명통

그대가
시는 불가능한 미래를 가능케 하는 단 하나의 통로라 했던가

글판 누군가의 모반으로
돌담 같은 '천원의 행복' 와르르 무너진다

나는
보고 있던 누군가의 시 몇 편 마음에서 내린다

바람의 조언처럼 면벽面壁의 침묵까지 몰고 와, 단숨에

시의 정수리를 베어 삼킨다

시는 가슴도 문장도 경전 같은 맨발이라고

詩·1

손끝에서
툭
툭
터지는 숨결
뉘 영혼의 진액인가
속울음
울고 또 울어
오롯이
몸으로 녹아드는
그림자 너는,

얼마나 기다려
내 몸속까지 들어왔는가
천길 지층을 뚫고
깨어난
저 맨발
경전 같은
詩여

詩·2

빨래를 손목 비틀어 짜내듯

온몸에 스스로 독을 붓는

너는

한 마리 화사花蛇,

치밀하게 고독한, 나의

숨구멍

광대
- 어게인

홀린 듯
화려하게 화장을 하고
내밀어야 할지
디밀어야 할지

곧추선
눈빛

그가 꾸역꾸역 토해내는 걸 보았다

아슬아슬
그늘에 눌어붙은 푸르스름한 소리까지
죽순처럼 벌떡벌떡 발기시키는
야성의 몸짓

웃는 듯
우는 듯

체관마다

다른 생을 낚아채려는
야릇한 갈증
심장까지 홀딱 벗어버린
신명나는
저 신음소리

몸뚱이 구석구석
녹이 슨 장작불이 가득하다

부조화의 조화
- 선거

가슴들이 육박전을 벌인다

밑반죽처럼 단단한 생의 숨통을 혀 안에 감추고
꿈틀거리는 상상의 촉수를 오므렸다 폈다 겹겹 지층을 더듬으며 제 무게를 단다

서로에게 한 귀퉁이라도 되기 위해, 펄펄 지표면에 달아오르는 분화구
은근슬쩍 친구도 적도 함께 뭉치는
기묘한 상면, 명료한 저 경계

하늘빛은 더 촘촘하게 구부러지고
빵빵해진 말발굽 소리, 허공을 딛는 발걸음 소란하다

새로워라, 뭉게구름으로 모였다 순간
재빠른 눈빛 하나에 부리를 트는 낯설고 낯익은,
목구멍에서 심장까지 팽팽하게 줄다리기하는 블랙홀

누가 아직도 뜨거운 길 한가운데 서서

만져지지 않는 물음표 같은 얼굴들을 필사하는가

기척만 내도 온몸이 우-흔들리는 하루살이 가쁜 숨소리

허기진 식욕 뒤에 만개한 헛웃음이 훅 들어와
지켜보는 풍경의 눈탱이를 한방 꽝, 날려 버린다

뉘 울음까지 뺏어와 네 식욕을 채울 참이냐고

석양이 동해를 잡다

여보게, 삶이 휘청거리거든

파도가 옭아맨 해무 사이로 길게 뻗어 나오는
동해를 보시게나

대낮 하늘이 살풋 내려앉고
저녁을 가린 수평선도 막아놓고
햇살로 곱게 치장한
바다

근육질 물살 가르며
영화처럼 내게 달려드는 동해의
다 벗은
저 푸른 알몸

젖꼭지 반짝반짝
하루를 당겼다 밀었다 끌어안는
저 연인 같은
바다
〉

지난한 발자국 죄다 내려놓고 새롭게 올라 온
저 동해를 보시게나

그믐달

허공에 밀착된 그믐달은
내 집 앞마당 시드는 목련만큼 그늘을 가졌다

저녁에만 자생하는 허공의 집
벌써 안개로 작성된 이별의 계약서엔
대팻밥 같은 흉터가
낱장 층층마다
묵은 눈물로 아늑하게 찍혀 애잔하다

그믐의 달
부록처럼 달라붙어 하늘 바닥까지 축축하다
저녁이면 까치집만한 빛을 헐어
내 얼굴 적시는 그늘 빛
눈물을 다 퍼낸 철없는 사람의 행색 같아 짠해진다

꼭 작년 이맘때쯤이겠다
동뫼마을 설매화길 17번지
네모난 집의 처마 밑 깊은 데서 잠적한 그믐달을 만났다

그는 조용히 오동잎 몇 장으로

자욱한 사연 잔뜩 덮으며
시기의 모서리 반목의 각을 대문 쪽으로 내던지고
지리산 안개처럼 휘적휘적 한숨으로 내리 비워냈다

오늘은 동뫼마을에 눈이 펄펄 떨어진다
그믐이 산 밑으로 그믐달을 이고 들어간다
허공으로 메워진 구석구석이 움푹 환해지며
그믐달은 눈을 감기 시작한다

몸무게

이 무게가 오래도록 타향살이다
툭 튀어나온 올챙이배가 자꾸 몸 저울을 호명한다

나는 벚꽃저울 풍경 속에 들어앉아
반항적으로 튕겨 오르는 눈금을 마음껏 끌어 내렸다
하지만 다시 오르는 흑백의 눈금
한 뭉텅이 몸의 집을 헐어 외로움 한 삽 떼어냈다
토란잎처럼 퍼져있는 기름때도 덜어냈다

따스한 기억으로 실종된 초록의 그 숫자가
더욱 촘촘해지며 그립다
매운탕 같은 그 맛에 취해 지금까지
차츰차츰 부피가 경계선 없이 동쪽과 서쪽으로 다시 늘어나는
이 몸뚱어리

순간순간 기억 속으로 파고드는,
그 지친 발바닥 저울은
눈금이 오를 때마다 운다
〉

나는 오늘도 몸무게란 글자에 위첨자 표시를 하고
커진 슬픔을 보자기에 싸고 있다
여름이 올 때마다
나의 무릎 위에 얹혀 있는,
아직도 초록
그 숫자를 얼굴 붉게 끌어당기고 있다

진실

기도탑 아래 기도소리가 멈춰 있다
탑은 지진처럼 와르르 사라지고

내 등뼈에서 고양이 울음소리가 들린다
손목까지 야금야금 먹어 치운,
화석 같은 상처
올무에 갇힌 혓바닥은
그 기억의 일부를 훔쳐쥐고

비가 내린다

견뎌내는 것이 맞서는 것보다 큰 고통인 것을
엎드려 울어본 자들은 안다

진실을 향해
돌을 집어 들고 힘껏 던진다
가슴에 파동을 그리며
켜켜이 찢어지는 소리들

누가 아직도 내 몸에 빨대를 꽂는가

〉
너무 깊게 패인
그 진실 하나, 눈 시리게 선명해서 모질다

이명

종일 귀뚜라미 소리가 수북하다

온통 짓물러져 욕창이 난
엄니의 벌건 엉덩이에 약을 발라 드릴 때처럼
어질어질 내 이內耳에 붙어있는 소리

"몹쓸 건 뽑아버려야 사는 거여"

나는 바닥에 엎드려 조용히 고개를 끄덕이다

얼룩으로 사무쳐 지워지지 않는 와이의 그늘
서로를 위장한 아가리들, 늑골 속 돌덩이로 환장하게 파닥거리는

나는 짐승을 쫓는 아픈 방관자, 온몸에
소름이 일어든다

"스스로 태워내야 새살 돋는 거여"

압축된 파일처럼 끝없이 전송되는 어머니 눈우물 같은

뜨거운 소리

용서?

금이 간 저녁 한쪽길
나는 지금 어느 거리쯤 가고 있는지

무수한 사다리 같은 시간 한 칸 한 칸 걷어내고 있다

가슴벌레

기억의 서랍마다 덜컹거리는

저 서늘한 밀착

상처가 묵은 상처를 오도독오도독 파먹고 있다

더하기에 더하기를 더하는,

제3부

다시, 동백

다시, 동백

눈물 끓어 먹고 버티셨나

배꼽마다 젖은 젖꼭지들 저리 붉게 물려놓고

순간, 하늘 업고 툭 떨어져 버린

땅에 핀 꽃 어머니

사랑이라는 그 말, 감히

가슴동판에 양각으로 뜨겁게 부어 넣는다

미처 못한, 구들장 같은 그 말

묵비권

딱 한 번 뒤돌아보다

사랑이라고 말해버렸다

매 순간 팔딱팔딱 긴 다리 소금쟁이로

서서

너를 견디는

어미라는 나의 하루

무청 말리다

그녀는
응달진 뒤란 처마 끝에 대롱대롱 매달려 있다

텅빈 고요로 묶인 채
얼었다 풀렸다 물기 죄다 지우고

그저 추운 날
뜨끈한 국 한 대접이라도 되어야 한다는

단단한 숨 줄기

순응의 미소로 누렇게 말라가고 있는

어머니

늘 고봉밥의 언어였다

필생, 목쉰 채
이름 없이
어미로만 살다간
여자

드센 바람벽 길모퉁이
폭설 같은 기도로 나를 일으키시던
무소뿔 닮은
그 여자

촘촘한 그리움 업고 사무친 얼굴

— 아가 밥 묵었냐
끊어지지 않는 속세의 저 물기

어무니

아버지의 밥상 건반

연주 직전
긴 호흡
박꽃 같은 밥상 올리면

아버지의 등짝에 붙은 여섯 살 꼬마 아이
열손 끝이 해바라기처럼 웃고 있다

"한번 들어볼까"

끼니때면 어김없이 밥상 건반 만들어놓고
밥알 같은 음표 옹알거리게 하셨던,

그랬지, 그랬었지
아버지 밥상은 우리 가족의 무대

내 새끼들 이마에 건반을 그렸듯이
나 또한 아버지의 건반이었지
나는 아버지의 빛나는 혹이었지

초록의 파동마다 한 음씩 건져 올리는

먹먹한 사랑

이제서야 여섯 살 꼬마 손가락으로
도 레 도 레 도
아버지 밥상 건반에
정갈하고 환한 성찬 차려드린다

기억의 저항

갑자기 내 발목을 거는
그녀의 옹알이

사우나 온탕 모퉁이
딸내미 손에 이끌려 온 옆집 성님
어린 물고기 되어
지느러미 흔들며 물결이 된다

줄 것 다 주고도 까만 눈물이 된
우리 엄니 닮은
저 모습

그녀는 어느 결을 쓿다
기억의 함函에 감금되었을까

굳은살 퍼런 피멍도 지워내는
깜빡 깜박 희미한 등불

두꺼운 심장도 뚫리는
말간 슬픔 같은

저 노랫가락

웃게 하다 울게 하다
몸 밖으로 삐져나온
그녀의 모서리

보이지 않는다
소리를 빼먹듯 혼잣말하는

내 엄니가 그립다

젓갈 내리다

짭조름한 한숨을 푹푹 익혀 함지박에 따른다

쩍쩍 금이 간 항아리처럼

한 생이

미농색 누런 삼베 쪼가리 오목가슴에 그지없이 출렁이고 있다

눈물이 뽑힌 말간 저 살내

어무니

모정

한겨울 같은 세월이다

여자까지 내다 버린
어머니의 등이 저리 휘어있다

꽃이 되지 못한 것들의
뿌리 되어 주었다가
줄기 되어 주었다가

살 한 점 뚝, 떼어 놓고 가신
내 어머니

후우 불어 가슴 들여다보니
숭숭 뚫린 울음

어쩌자고
어쩌자고

어릴 적 내 꽃밭은 저리 피어
눈물인가

축제 뒤편

늦가을을 통째로 훔쳐먹고
출렁출렁
다 쪼그라진
꽃불
늦둥이 엄마의 젖무덤 같다

한 보자기 꺼내어 뒤집어보면
등골이 뿜어내는
울 엄니 향내 낀
신음소리

석양으로 물들다, 멈칫
하루의 말수를 죄다 거두어들이는
저
황홀하고
긴 —

이별 잔치

그리움이 너를 놓지 않았다

마음이 너에게로 가는 날은
동백꽃 냄새가 난다

골목에서
골목으로 이어지는
오래된 너의 살내

폭설 위에 묶여 있는
내 마음과
네 풍경 몇 줄은
아직도 서설瑞雪로 내리고 있다

그리움이 몰려오는 날이면
나는
한아름 동백꽃 들고
너에게로 간다

여수에 물들다

그곳에 가면 우리 집도 있었지
다도多島가 막아놓은 청푸른 바다가 있고
진달래꽃 안고 서 있는 구봉산도 거기지

갯바람이 얼굴에 닿으면
쫑포 선창가로 달려가 바다를 만졌지
떠가는 여객선에 손 흔들던 그곳

시기도 없고 질투도 안 가진 저녁이 들면
하늘엔 달만 있고

그 여수의 밤

그곳에 가면 지극한 새벽 어시장이 있었지
어무니가 빨랫줄에 걸어놓은 햇살도 있고
문턱 너머까지 팥죽을 밀어주고 가는 사람냄새도 있었지

영산강줄기 뻗어나가듯 시간은 흘러
아부지도 없고 어무니도 없고

문패도 없고

지금은 집어등 불빛만 고향에 살고 있다

나를 불러들인 나라

몸에 착 달라붙은 그리움이 춥고 따뜻하다
심장까지 차오른 먹먹한 그림자가 찬란하게 서럽다

지워지면서 사라지지 않는

기척 없이 흘러든 동백의 얼굴
방파제 갯바람 소리 같이 고요를 한껏 미는, 너의
짭짤한 침묵

바닷가 해안선 골진 골목으로 들어가
너를 혼자 읽겠다

바다가 늘어놓은 검붉은 파도가 빠져나갈 즈음, 다시
그곳에 너를 증여하겠다

움직일 때마다

겨우, 내가 늙어
겨우, 나를 건져내었으므로
〉

몸에 착 달라붙은 여수항, 겨울모자를 쓴 유년의 그림자가
지독하게 춥고 따뜻하다

自我, 결코 달아날 수 없는

어느 심장 밑에 숨은 덫인지요

뉘 아린 버팀목 같은 반란인가요

누룩처럼 부풀고 있는

이 무언無言

뭉툭한 꼬리 달랑 하나 달고 허공마다 끄집어내는

저 소리의 극점極點

생生은

굽이굽이 건반을 타고 흐르는

곡선이라는데

아닌가요?

결코 달아날 수 없는

나의 현주소

몸속에 고인 소리가
허공의 긴 정체구간에 끼어 있다

발을 헛디딘 것인가
오그라진 음들이 안개같이 펄펄 기어든다

삼키지도 뱉지도 못했던 물컹한
소리의 내력들

순간, 생生을 바꿀 수만 있다면

소리의 밑동을 파서 손가락 하나 툭 분질러 묻겠다

쉼표조차 숨죽인 내 안의 파동들

주먹 꽉 쥔 아이같이 야윈 심장 불끈 세워, 휘청이는
나를 붙든다

나는 아버지 등뼈로 키운
하늘바라기꽃*

*당당하게 하늘을 바라보며 오랫동안 시들지않고 피는 꽃

피아노 그리고 고뇌

얼마나 더 짓물러야
건반에서 생음生音 들릴까
우린 얼마나 더, 손끝 지문을 덜어내야
하나가 되는가
경의선 철로 같은 이 평행선
신열의 통증 무릎까지 넘치는데
몸속에서 끊어져 나온
이 망극의 고요
닿을 수 없는 마지막 호출처럼, 꺼억꺼억
희미한 길을 내고 있다
저어기 저 대숲까지의
긴-울림

수평선 너머, 소리의 집을 짓는다

기억의 문
- 사진첩을 뒤적이다

  길게 추억이 들어선다

  지산동 법원 앞 골진 골목길
  능소화 흐드러지게 핀, 양철지붕 신혼집이 보이고

  햇볕이 마당에 부려놓은 쌀더미 속, 꿈틀거리는 벌레를
  집게손으로 게임 하듯 골라내는 여자

  붉은 통증 같다

  마른 염소똥 툭툭 끄집어내는, 시부媤父의 항문 속 손가락에게
  "참 잘했어요" 칭찬하던 그 여자

  우둘툴한 모과처럼 맺혀있는 기록들

  위독할수록, 그립다

화암사*를 가다

나는 짐 얹힌 마음 털어내려고
비틀비틀
화암사에 간다

번뇌의 품목 몇 개쯤
덜어내기 위해
산중 화암사에 간다

구름길을 지나고
산 번지 길 몇 개 등에 지고 가는데
한달음에 달려온 화암사

스님이 무릎기도 안고 와서 던진,

마디마디 속마다
대나무 속 둥근 마음 보란다

눈물보다
진한 몇 마디 그 설법
〉

이제는 옭매인 보따리
죄다, 광목천에 둘둘 말아 내던지고
굴뚝새처럼 떠다니고 싶다

*전북 완주군 경천면에 있는 사찰

허방, 마침표 유령처럼

세월,
주소도 버린 채 무게만 올렸구나

늙은 기억보다
물음 많은 섬들만 등재되어

집착이,
차디찬 고독이
헐린 구멍으로 생겨 있구나

이제는
계절도 야위어가는 골목길
눈 멀 듯 부신
동굴 속

눈물 같은 거품 오래 산 빚들이
나를 정산하는 중이구나

아직 건너지도 않은, 미지의
마침표 유령처럼

제4부

너에게

너에게

너의 뒤쪽에서 너를 부른다

저녁 공터 의자 같은 이름

눈에 익은 뒷모습 하나씩 들고 조용히 뒤를 따른다

물안개가 마음을 뒤덮은 한밤중

등피에 문신을 한 거리가 헐렁하다

여수항에 조용히 물이 든다

이름자 하나, 가만가만 내려간다

조용한 결별

단단한 노을마저 반으로 접혀진
서러운 날

야윈 너를 흘려두고 가까스로 지워낸 발길
휜 걸음 소리만 요란하다

앞 강물처럼 불어나는 저녁을 껴안고
오래된 저 거리에게
굳은살 박힌 흑백구름을 으깨어 던져 버렸다

이제 희미한 얼룩도 없다

나는 비렁길 귀퉁이에 꾸부정하게 끼어 앉아
긴 울음으로
덥석, 산 바닥에 드러눕는다

어느 날, 바다

몸속으로 파고드는 바다

부풀 대로 부푼 그리움이 슬픔과 부상負傷
사이에 있다

저 바다

사랑의 적금도 요구하지 않는
발길의 바다

가슴이 구멍 나면
그냥 가서 항구에 얹힌 너를 만나는 것
이별한 연인에게 말을 건네는 것

그리고,
갈매기 울음도 듣는다

마음의 첫눈처럼 다시 피어오른
저녁의 얼굴
〉

모르는 척
다시 주소 없는 반쪽의 말을 건네고 있다

고깃배는 깃발 달고 들어오는데

여수의 저 바다

수선화

분홍 마을 한복판에 숨은
그 꽃, 훔쳐보다가
봄이 분홍강으로 뒤척이며 흘러가자, 나는
또 붉은 봄을 심장 아래쪽에 한 종지 묻습니다

다시 무등산에 봄이 오자
깊어진 병을 내버려두고
나는 울음이 고인 앙가슴에 참의 언어를 뱉어냅니다

봄내 돌담 기둥에 꽁꽁 묶어놨던 그 꽃

이제 조용히 돌담 하나씩 헐어내서 그의 살내를 담고
나는 겨울강 한복판
허기진 긴다리물새로 겨울강을 건넙니다

봄이 오가기를 수만 번
그 꽃을 내 눈에 그려넣었는데
왜 너는 여직 빈 들판이고
너는 왜 먼 바다로 누웠는지
〉

다시 봄은 가고
또다시 봄은
그리움 한가득, 무등산으로 떠오고 떠가겠지요

空

서쪽이 하루를 닫아거는데
묵호항은
나를 버려두고
나는
묵호항을 버리고

묵묵히
바다 곁에서
나는 너를 모른 채
파장 없는
너를 부른다

그리고
나는 너에게서
충분히 비워지고
너는 나에게서
삭제되어도
세상은 충분히 촘촘하다

지독한 묵호항

그늘로 덮어두고
더넘바람이 불어온다

말벌집

허공이 버린 벌집 문을 한 집 한 집 열었다

103호실, 살림살이라곤 밥그릇과 국그릇 몇 개뿐
새끼들은 손목에 붕대를 감은 채
헐린 문구멍을 신문지로 꾸우꾹 틀어막고
젊은 아버지는 안개를 치우고 있다

903호실은 인기척이 없다
쪼개진 문창살 사이로 햇빛과 그림자가 뒤엉켜
아수라장이다
대지를 무단으로 점유한지 벌써 스무 이레째
파리 떼가 가난을 털어내는 모양이다
사방으로 쾌쾌한 곰팡이 냄새가 퍼져간다

구석진 곳의 어느 허름한 노파가
새벽까지 절개해서 기도하는 소리가 들린다
끌려가는 소 워낭소리 같다
통째로 넘어진 아파트보다 더 충격적인 몸짓이다
다시 누군가의 발길이 부서진다

아이의 웃음이 꺼져 있다

이면의 구속

만질 수 없는

적설積雪의 인연

물밑 수초처럼 생생하게 흔들거리는데

꽉 잡은 손 놓아버린 채

나는

또

바람의 뿌리 잡으러

바람보다 먼 곳의

바람이 된다

마음의 오지

천 개의 입이 한꺼번에 열리고

휘몰아치는 월광 3악장*이 폭풍처럼 내리 운다

프레스토 아지타토**

침묵으로 찢어지는 사랑의 밀당

읽어낼 수 없는 심장 박동 소리

날카로운 스타카토 분산 음의 세찬 고백이

수직의 직소폭포 같아 아프다

급류처럼 몰려와 절정에서 멈추어야 하는,

회오리바람 같은 너를 향한 활주로

미완의 붉은 건반
〉

마음의 오지

*베토벤의 제자 줄리에타 귀차르디에게 헌정, 그녀를 향한 격정적 사랑을 표현
**Presto Agitato 급속하고 격렬하게

문무대왕수중릉*

시푸런 동해를 껴안고

늘 젊어 있는 바다

수호신인가

물속 자궁 봉긋하게 들어 올려

파도의 괄약근으로 감포를 한껏 휘젓는

천년 푸른 눈빛

여명이 돋는 새벽에도

그 아침에도

오롯한 햇덩이로 일어나

저 바다를 가지는

청년의

대왕바위섬

*경북 경주시 감포 앞바다에 있는 사적 제 158호

이산의 아픔
- '99 북한 모란봉 교예단 첫 공연 후 통곡하는 실향민을 보며

한 발짝
한 발짝
육신의 휘모리로 차오르고

지척이 천리인가
군불보다 뜨거운
저 눈물들

해일처럼 달려드는
고향,
한 발치

산 뚫고
강 딛고
목이 쉰

화인火印 먹은
몸부림

늙으신 아버지 바짓가랑이 잡고
언 땅을 쓿어내는
온정리 들녘

베팅Betting
- 영끌족

아시나요?

사이버Cyber 공간마다 춤추는
눈알도 붉은
저 개미들의 군무

헛것의 힘으로 밀었다 당겼다

절정의 순간마다
가위눌렸다
터지는

명明
암暗

단 한 번의 불길을 위해

욜로*
욜로

〉
푸른 혈기 저리 짜릿하게
꼬부라진 희망을 베팅하는,

당신, 아시나요?

죗값을 치렀으나
죄짓지 않은

＊욜로(YOLO) : 인생은 단 한번 뿐(You Only Live Once)의 약자

술
-5·18 광주로 간 택시운전사

휠끗, 엿보는 순간
나는 참을 수 없는 불씨였다

한순간
날 놓아버렸다

나는 고래다
휘파람 불며 덤비는 성난 고래다

나는 불법 주정뱅이

흙먼지로 뛰어다니다

땡볕 세상을 건너가는

나는 잎새주
광주로 간 택시운전사* 다

*1980년 5월 "광주로 간 택시운전사"를 기념, 보해 잎새주 한정판 소주 이름이다

사공과 나룻배

한 집 문패 달고
수십 개의 달력이 피었다 지기를

목련 핀 봄도
인동초 피는 겨울도 들어 있는
그 붉고 푸른 윤곽

강물은 바람을 떠받쳐 주고
바람은 강물을 보듬어 주고

일생을 함께한 우리
늘 하나였다

이 분홍의 서식지

실직자의 배후?

바짝 마른 하루의 절규가
시든 침묵처럼 펄펄 떨고 있다

누가
저들을
막다른 골목으로 몰아세웠나

길은 꺾이고
내몰린 바깥에서 날개 퍼덕거리는 소리

움켜쥘 수도
물러설 수도 없는
저 눈물의 두꺼운 세상의 틈새

툭, 심장이 내리친다

길모퉁이
낡은 현수막 속 구인 광고

소리, 육체를 얻다
- 임을 위한 행진곡

최후의 절창絶唱인가
뿌리째 출렁이는
저 꽃들의 선혈

포효하는 세월조차
가시로
제 몸 찔러,

저렇듯
서릿발 같은 겨울 보듬고, 여기저기
죽순처럼 불끈 일어설 수 있다니

긴 호흡
뜨겁게 살아
사방으로 부화孵化 하는

광주의 뼈대여

몸을 얻은 심장 소리
어머니 눈물처럼 두텁게 퍼져 나간다

뜨거운 기억
― 5·18민주화운동기록관에서

타올랐다가
일순 터트리는 힘, 얼마나
제 뼈 깎아 일으킨 장엄한 폭음이었을까

내밀한 공간마다 장중한 서사
불꽃 같던 결기決起 그날의 눈부신 함성이여

기억은 아직도
긴― 혀로 제 몸 핥아대고 있는데
몇 겹을 더 견디어야 밤하늘의 총총한 별로 뜨랴

서슬 퍼런 군홧발에 비명까지 끌려다녔던
도청 앞 금남로 그 거리
누런 완장을 찬 상주喪主의 도시

풀뿌리 벌겋게 익어
심장 속 이글거리는 불사조가 되었는가

육탄으로 맞섰던 부동의 저 눈물들

화석으로 남겨진 저 하얀
피의 밑줄

44년 전
바람의 뼈는 더 단단해져 눈 시리게 선명한데

누가
이 잔혹한 비밀을
정갈하게 풀어줄 수 있을 것인가

"님을 위한 행진곡"은 더욱 창대하게 울려 퍼지는데

경계人
- 행사

제1막은 독무대

무릎 빠진 늪인지
새소리 담은 숲인지

원로라는 무게
도토리 키 재듯 포크레인 같은 큰 입 저어
선線을 친다

가슴 행간마다 그들의 입술이
그네를 타듯
양면 동전 같은

그들은
지금 경계 안일까
낯선 경계 밖일까

장대비

차마 못 삭혀낸 그리움
태胎부림하다
떼 지어 일어나는 눈물 꽃잎
가슴에 묶어둔
그 사랑
얼마나 커
그대는
눈도 뜨지 못한 채 맨발로, 날
찾아 나서는가
장대비가 되었는가

| 평설 |

생수 한 모금의 시, 그 샘자리에 서다
- "뜨거운 살점으로 온 몸에 들어선 가락들" -

김 종
(시인, 화가)

파도소리가 사철 내내 자장가를 들려주고 키가 큰 등대가 바다를 지키는 곳, 회색 날개 갈매기가 종횡으로 끼룩거리며 추운 겨울에도 빨간 눈 동백이 손님들을 마중 나와 따뜻하게 반기는 곳, 이곳은 지구촌 최고의 해양도시, 물의 낭만이 더없이 아름답다는 배순옥 시인의 고향, 여수麗水다.

배순옥 시인의 천석고황의 땅, '여수'
최근 여수는 「여수 밤바다」란 노래가 멜로디를 타면서 찾아든 관광객으로 엄지척의 고을이 되었다. 여수의 물빛은 남해의 눈이라 해도 지나치지 않을 만큼 유난히 맑고 깨끗하고 푸르다. 배시인은 이곳에서 보낸 꿈이 자라던 쌍갈래머리의 소녀시절을 못 잊어한다. 어른이 된 지금에도 못 잊을 아련한 그리움의 땅, 천

석고황의 땅이 여수인 때문이다. 어딘가에도 썼었지만 고향은 어머니가 살고 계시고 나 자신이 나고 자란 곳이라면 배순옥 시인에게 지금의 여수는 여전한 달려가 안기면 손잡아 안부 물을 사람들이 기다리는 청라언덕이다. 한 권의 시집에서 만날 수 있는 시인의 표정과 생각은 삼라만상 우주만물의 생김새만큼이나 무궁해 보인다. 시인이 창조하고 시인이 풀어낸 언어 속에는 질감의 의미역意味域이 녹아들어 유채색이냐 무채색이냐를 가리는 독자들에게 희로애락을 불어넣고 감동 주입의 통로가 된다. 배순옥 시인의 눈길이 머무는 곳에 그가 리듬을 다하여 노래한 풍경들이 아리도록 결곡하다.

시인의 가슴에 비쳐든 풍경은 이처럼 그만의 시의 곡간이 된다. 태생적으로 아름다우면서 아픈 게 풍경이라면 풍경 속에는 화려한 아름다움과 시리도록 아픈 상처가 공존한다. 세상을 궁구하는 시인이라면 풍경을 살피고 그 풍경의 주름 너머에 인간을 위로해줄 노래가 필요하다. 그런 점에서 배순옥 시인의 눈길이 머문 풍경들의 밑자리에는 배순옥 시인만의 웅숭깊은 배려와 온기의 언어들이 숨 쉬고 있음을 읽을 수 있다.

문학은 한 마디로 의미를 담아낸 제반 주제의 감각적 형상화라 할 수 있다. 시를 빚고 구성하는 자리에 언어란 처음엔 하나의 추상적 기호에 지나지 않았음에 유의할 필요가 있다. 언어는 그 자체로는 실감의 세계가 아닌 때문이다. 허지만 사물을 통한 상상과 감각화를 거쳐 시의 주제가 구체적으로 드러나는 것이다. 이는 사물의 청각적, 시각적 형상화에 다름 아니며 시작품의 언어적 성공과 감각화를 동일지점에서 이끌어낸다는 의미이기도 하다.

시인이 자신의 시작품을 독자적인 생명체로 끌어가기 위한 형상화에는 사물의 감각성을 접목하고 삶의 메시지를 담아내는 데까지 나아가야 한다. 배순옥 시인은 자신의 시작품을 독자적인 생명체로 형상하면서 언어의 감각성과 가락을 삶의 메시지를 담아내는 데까지 접목하여 투입하고 있다. 이들 시어의 밀도나 표현 또한 감각을 통한 삶의 메시지를 이야기의 형태로 풀어내면서 그에 내재된 감동성이 언어적 개성이 되는 터라 시인에겐 무릇 제2의 창조주라는 칭예가 주어질 만도 하다.

> 학동시장 한쪽 귀퉁이
> 방석만한 땅바닥에 서너 주먹쯤 되는 달래를 앞에 놓고
> 노파가 입을 떼지 못한다
>
> 산비탈 아래쪽을 몇 날 호미로 더듬어 모았을
> 백발의 굽은 손
> 딱하게도 내 몸속에 시린 바람 끝 같은 것이 파고든다
>
> 조선낫처럼 휘어진 저 모습

쩍쩍 벌어진 논바닥 같은 주름살

못 견디게 선한 얼굴이
다 찢겨진 청바지 맨살 보이듯
뭉텅뭉텅 내보인 노파의 지친 눈동자를
지워내다 만다

꼭꼭 몸속으로 숨어든 가난의 그 젖줄

나는 쿡쿡 쑤시는 흉통을 밀어내며 몇 발자국 옮기다
다시 오백원짜리 동전 몇 개 쥐고
노파가 있는 쪽으로 되돌아간다

새똥만한 새싹이 굽은 등 발밑에서 새초롬하게 올라온다

노파는 찬찬히 내려다보다 실금웃음을 품는다
 「노파의 실금웃음」

「노파의 실금웃음」에서 배순옥 시인이 진정 보고자 한 것은 무엇이었을까. 전경前景으로 내민 "학동시장 한쪽 귀퉁이" '방석만한 땅바닥'에는 '서너 주먹쯤 되는 달래'를 파는 노파가 시인이 보여주고자 작품 속 광경의 전부다. 오가는 행인더러 사달라는 말조차 꺼내지 못 하는 노파는 우리네 민초들의 정직한 모습이 이 같았다 할 수 있다.

그가 펼쳐놓은 서너 주먹쯤의 달래는 산비탈에서 몇

날의 호미작업으로 모은 것일 게다. 백발에다 굽은 손을 합하여 할머니의 그간의 세월을 헤아리는 화자는 "시린 바람 끝 같은 것이 파고든다"고 했다. 노파를 대한 화자는 아픈 마음이 앞섰었고 그것은 어쩌면 고향에 계신 어머니의 또 다른 대입으로 생각할 수 있겠다. 화자가 노파의 행색에서 그간의 생의 신산辛酸함을 헤아리는 일은 '백발의 굽은 손'에서 '내 몸속'에 살고 있는 시린 바람의 세월을 읽었기 때문이다.

화자는 "다 찢어진 청바지"에다 허리가 '조선낫처럼 휘어진' 채로 땅바닥에 쭈그려 앉은, 가뭄 든 논바닥 같은 할머니의 굵은 주름살에서 "못 견디게 선한 얼굴"을 보고 만 것이다. 하기야 서너 주먹도 안 되는 달래로 노상에 퍼질러 앉아 손님을 기다리는 노파의 '지친 눈동자'를 지워내기란 쉽지 않았을 것이다. 그걸 두고 화자는 '지워내다 만다'고 했고 이 자리의 기억들 또한 오래도록 따라다녔다는 것이다. 하기야 시인의 눈에서 노파의 행색을 지운다는 것은 매우 강력한 세제라도 불가능했을지 모른다. 어디 그뿐인가. 제 몸속으로 흔적도 없이 숨어든 '가난'마저도 그대로 둘 수가 없어서 노점에서 달래 나부랭이라도 파는 것이 노파가 보여준 생의 정직성이 아니겠는가.

그걸 본 화자는 "쿡쿡 쑤시는 통증을 밀어내며" 오백 원짜리 동전 몇 개를 쥐고 발자국을 다시금 노파에게로 옮겨간다.

지우다가 지워지지 않아 되돌린 발걸음

노파의 지친 눈동자를 지워내다가 지워지지가 않아 저절로 되돌린 발걸음인 것이다. 그때 화자의 눈에 비친 것, "새똥만한 새싹이 굽은 등을 하고 새초롬하게 발밑을 올라"오고 있었다. 이를 아는지 모르는지 "찬찬히 내려다보며 실금웃음을 품는' 노파에게서 배순옥 시인이 요량한 시적 연민과 소망감을 읽어내기에 부족함이 없었다.

> 느티나무 속에서 생명 하나 보았다
>
> 소리 내어 울지 않았으나 흠뻑 얼어
>
> 눈 부릅뜬
>
> 꼬리만 남은 배후, 이름 잃은 너의 얼굴이다
>
> 새끼봄이 생겨 있다
>
> ―「잔설殘雪」

군데군데 잔설더미가 쌓여있고 한기를 품은 바람이 횡행하는 계절은 희망의 봄을 말하기는 아직은 이른 때라 하겠다. 화자는 고목이 된 느티나무에서 파릇한 새순을 보고 생명 하나를 만났다 여긴 것 같다. 이어지는 대목에서 "소리 내어 울지 않았으나" 겨우 참았다는 사실 자체가 신기하게도 작품의 한 부분으로 읽히고 있다.

 이유는 춥기 때문이라고 하지만 그걸 이기려고 "흠뻑 얼"었어도 눈 부릅뜬 채 꼬리만 남은 배후까지를 열어둔 것이다. 그러면서 더 이상 소생의 기운을 일으키지 못하고 패색 짙은 '너의 얼굴'을 기적처럼 나 여기 이렇게 살아서 자라고 있다는 생의 시그널을 보여주기에 이르고 "새끼봄이 생겼"다고 하였던 것이다. 시인이 구사한 '새끼봄'이란 용어는 여태껏 문학작품에서 접한 적이 없었건만 그럼에도 그럴 듯하게 읽히는 것은 자연스럽기 때문이다.

 요컨대 잔뜩 한기에 짓눌린 고목의 등걸에서 세상을 새롭게 시작한다는 새싹의 의미는 "이름 잃은 너의 얼굴"에서 '새끼봄'을 발견했을 때의 환희감 같은 것이 잔설더미를 일시에 녹여버리고 말겠다는 느낌에 나아간 것이다.

  허공에 소리를 올린다

  가슴을 움켜쥐니 늑골 아래까지 번져 아프다

  온몸에 들어 선 가락은 살점이다

  떠밀려온 소리의 파동이 멸치떼처럼 밀려든다

들끓는 심장의 손가락이 뜨겁다

나는 비로소 소리에 소리를 가둔다

내 안의 나를 북 치듯 두드린다

건반을 만난 손은 희고 검은 몸이 되었다

모두가 기립이다
- 「피아노 그리고 나 -독주회」

 이 많은 세월에 팔다리 걷어 부치고 피아노를 타고난 운명처럼 공부한 배순옥 시인, 그에게 피아노 건반을 두드린 손가락은 "들끓는 심장"을 두드린 손가락이고 그래서 마냥 뜨겁기만 한 손가락이기도 했다. 언젠가 예술을 얘기하는 자리에서 사람은 몸 전체가 예술품이기 때문에 무엇을 들춰봐도 예술을 설명하기에는 안성맞춤, 부족함이 없다는 말을 한 일이 있다.
 예컨대 사물을 보는 눈, 냄새를 맡는 코, 소리를 듣는 귀, 말을 하는 입, 어디 그뿐인가, 춥고 덥고 외부적인 온갖 반응을 고스란히 감각하는 피부 등등 이들은 자체만으로도 예술이라는 표현이 적합할 듯하다. 그러나 이 같은 것들이 그 자체로는 예술이 될 수 있다는 건 어디까지나 하나의 중간과정일 뿐 완성된 본격예술로 가기 위해서는 '손'이라는 과정이 절대적으로 필요하다고 했다. 두말이 필요 없이 인간이 예술을 제작하는 힘은 바로 '손'에 달려있다는 얘기다. 모든 것이 가능해도 손이 없다면 그 무엇도 불가능하기 때문이다.

  위의 작품에서도 그 같은 사실이 감지되고 예술제작에도 그 절대적인 요건으로 '손'의 존재가 필요하다는 이유이며 이는 어떤 의미에서든 당위적이기까지 하다. 전제하기로 화자는 "허공에 소리가 울린다"고 하였다. 사뭇 치열한 연주회의 뒤끝이라 움켜쥔 가슴의 늑골 아래까지 통증이 번져온 것이다. 온몸을 다하여 건반을 두드렸으니 '가락' 또한 온 우주에 퍼졌을 것이고 '소리' 자체가 연주자에게는 피가 통하는 '살점'에 진배없었을 것이다. 어차피 이들은 화자에게 오고 간 영혼의 연주이고 시간이었을 테니까 그 소리가 조장한 거대한 덩어리처럼 떠밀려온 '파동'이 멸치떼처럼 청중의 심장을 들끓게 하였을 때 손가락 또한 뜨거워질 대로 뜨거워진 채였을 것이다.

  그제서야 화자는 "비로소 소리에 소리를" 가두면서 "내 안의 나를 북치듯 두드린다"고 했다. '건반을 만난 손'은 마냥 '희고 검은 몸'이고 이에 상징되는 낮과 밤을 온전히 투입하였다고 할 것이다. 사람들은 기립하여 혼신을 다한 연주자에게 우레 같은 박수로 답을 하면서 연주회는 대단원의 고개를 넘어갔던 것이다.

    수북한 밤을 벗느라 고요도 환한

동그라미 음문陰門

후끈 단 몸
정표인 듯 속살 박힌 촉수가 뜨겁다

쿵쾅, 심장 뛰는 소리

썰썰한 물소리 엉겨 붙어
밤의 등짝 덥석 안고 몸을 여는

저 하얀 꽃

황적색 해를 업고 달로 뜬 詩의 집

내 가난한 시 한 편도 들어가 살겠다

- 「박꽃」

 '박꽃'을 두고 '저 하얀 꽃'이라는 말에는 '저 하얀 어깨선!' 이리 말하는 것만 같았다. 그러면서도 "황적색 해를 업고 달로 뜬 詩의 집"을 꺼내들었으니 박통이나 박꽃과 짝을 이루는 맞춤 사물은 아무래도 달빛과 '달'이 아닐까 싶다. 배순옥 시인이 구사한 시적 서정성은 "정표인 듯 속살 박힌 촉수"가 썰썰한 물소리에 몸을 여는 일이었고 한국인이면 누구나 좋아했을 언어적 조합으로 그 흐름을 잡았다고 하겠다. 풍정風情에 비추어 「박꽃」이 등장하고 "수북한 밤을 벗느라 고요도 환한/동그라미 음문陰門"에서 박꽃의 자태는 더없이 아름답고 조요로운 모습을 직핍하게 드러냈고 이들 뒤에 '고요도 환한'이라는 탁월한 표현을 보여주기에 이른다.

'고요도 환한' 동그라미 음문
 요컨대 달빛 아래 피어난 정갈하면서도 요염한 박꽃이 이리도 직핍하게 다가온 것이다. 그걸 놓칠 세라 배순옥 시인의 시적 상상력이 "밤의 등짝 덥석 안고 몸을 여는"이란 표현을 보태면서 '음문'이라는 제법 외설스러운(?) 용어로 분위기의 일신을 꾀하고 있다. 허지만 '정표'처럼 내세운 "속살 박힌 촉수가 뜨겁다"는 박꽃을 묘사한 한 부분에 오면 이들의 이미지는 다시금 예의 그 정갈한 자리에 들어선다고 하겠다.
 이쯤에서 예견이라도 하듯 "쿵쾅, 심장 뛰는 소리"로 이동하게 되고 '박꽃'에서 읽은 '고요도 환한' 동그라미 음문을 만났다는 대목에서 후끈 단 몸에 저 하얀 박꽃의 심장 뛰는 소리가 뜨거워진 물소리를 불러들여 어깨선 너머로는 선경처럼 아름다운 달을 띄우고 있었던 것이다. 그리고 이 같은 분위기에 얹어 한 편의 서정시가 태어난다고 할 것이고 풍경으로 쳐서 이만한 절경 또한 없었겠다 싶다.
 만월처럼 둥글어진 박을 업고 "내 가난한 시 한 편"이 들어가 살아도 좋겠다는 화자의 독백에는 이 집의

여주인 배순옥 시인의 시적 상상력이 가득하고 이를 견인하여 자못 풋풋하고 싱그럽단 표현을 올리는 것은 지극히 마땅하다고 하겠다.

구름 뒤쪽

무등산 송이눈바람에 흘러 다니다

벗어놓은 반달의 입술

광주천 물결에 얹힌 채 겨우 폭설이 되었을까

청춘의 잎새주잔 추억을 적어 넣고, 다시

분홍꽃 피우려 가슴 한쪽 헐어내는 돛배

수정될 수 없어

만삭의 땡볕보다 더 뜨거운

-「출항, 알 수 없는 떨림」

어느 지역엔가 가서 이웃한 그곳의 행정명이 북면 뒤에 남면이 위치한 것을 보고 저 지역은 남쪽이 북쪽보다 더 춥겠다는 말을 하며 웃은 적이 있다. 헌데 작품 「출항, 알 수 없는 떨림」이 '구름 뒤쪽'으로 시작되면서 새삼 구름에도 뒤쪽과 앞쪽이 있겠다는 생각 또한 했었다.

출항은 다음의 과정을 향한 출발의 시간이다. 이는 이후에 펼쳐질 시간을 호기심에 걸어서 나아가는 길이지만 그 길은 가다 보면 일면 두렵기도 하고 떨리기도 할 것이다. 누구에게나 미래의 시간은 존재하는 법이고 세상사는 일 또한 미지를 향한 출항이라는 의미에 다름 아니다. 일단 구름의 뒤쪽이 있었으니 앞면 또한 존재하겠지만 벗어놓은 무등산의 송이바람에 반달 입술이 흘러 다니고 광주천 물결에 폭설이 얹혔다면 상황에 비춘 '출항'의 일은 상상처럼 그리 녹록치 않았을 것으로 보인다.

그럼에도 "청춘의 잎새주잔 추억을 적어 넣고" 분홍꽃을 피우려 가슴 한쪽을 헐어 돛을 올린 '돛배'의 의미는 "수정될 수 없어/만삭의 땡볕보다 더 뜨거운" 악조건으로 나아가야 했을 것이다. 여기에서 화자가 견디기 어려운 폭염을 '만삭의 땡볕'이라 한 것은 더 뜨거운 적도를 지나는 선박들이나 견뎠을 법한 무더위를 그리 감안한 연상일 것이다. 그럼에도 화자는 떨림 속에 청춘의 기운으로 무엇인가 설레임을 앞세운 알 수 없는 '구름의 뒤쪽'을 열어가면서 부푼 호연지기로 망망대해를 횡단하고 있었음이다.

산모 같은 음들 토해내는 마음이 겹다

소리는 퍼지는 순간
뿌리 뻗으려고 허공 속을 견디고

파도처럼 포효하는
이 전율

건반 밑동
하나하나 갈기 세워
열락悅樂 같은 진통을 뱉어낸다

쉼표도
마침표도 없이
휘몰아치다가 숨죽이다가

다시, 긴-호흡

소리가 소리를 업고
허공의 숲으로 멀어진다

객석에서 누군가, 제 속 누런 고름 터트리는지
눈가에 습이 뜨겁고

마음이 죄다 헐려
텅- 빈 몸

중심뿐인 소리가 울림으로 그득하다
-「소리 밑동 다 열고」

무대 위에서 피아노 건반을 두드리는 한 연주자의 무아지경이 눈앞에 그려지는 작품이 「소리 밑동 다 열고」이다. 제목이 보여주듯 소리에서 얻을 수 있는 모든 연출력을 한자리에 모아놓고 연주자는 '눈가에 숩이 뜨겁고' '마음이 죄다 헐려' 몸도 마음도 텅 빈 상태에 놓여있다고 하였다. 이제 연주자는 자신의 소리를 떨어져서 듣는 제3자가 되어 장히 감격스러운 마음이었을 것이다.

그리고는 바로 이를 두고 "중심뿐인 소리가 울림으로 그득하다"고 하지 않았을까싶다. 장르를 불문하고 예술을 풀어내는 일에는 그에 따른 그만의 고통이 뒤따르는 법이다. 예술창작이 얼마나 지난한 일이면 "산모 같은 음들 토해내는 마음"이라 하고 이를 '겹다'고까지 했을까. 인간의 일 중에서 가장 고통스러운 일을 얘기할 땐 왕왕 산모의 출산에 비유하곤 하는데 그것은 새삼스럽게도 이처럼 견디기 어려운 고통을 수반한다는 의미였을 것이다.

긴 꼬리보이면서 "소리가 소리를 업고"

산모의 출산현장은 한편으로는 추악하기까지 하여 지고지순한 예술의 탄생이 어느 만큼 고통의 산물인가는 그 일에 참여한 사람만이 아는 비밀 아닌 비밀이라고 하겠다. 배순옥 시인은 산모처럼 토한 음들을 요동치듯 종횡무진 풀어내면서 이 같은 생명현상을 두고 한마디로 '겹다'고 하였을 것이다.

 그 고통이 여북이나 자심했으면 이같이 '겹다'는 표현에 이르렀을까 싶기도 하다. 어의로 본 '겹다'는 "정도나 양이 지나쳐 참거나 견뎌내기 어렵다"로 설명되는 형용사이다. 함의含意된 말이 이쯤이면 거센 파도 같은 감정이나 정서를 어찌 누를까 부터 생각하게 된다. '소리'의 운신은 사통팔달하고 자유자재한 것이 특징이다. 그리고 이들이 '퍼지는 순간'은 "뿌리 뻗으려 허공 속을 견"딘다고 하였는데 이는 뿌리 뻗는 소리의 '전율'을 파도처럼 포효한다는 의미에 연한 것이다.

 그 사이에 생성된 창작상의 진통을 하나하나 세우면서 무수히 뱉어낸 '건반 밑동'의 '열락'을 무한천공을 나아가는 흐름으로 표현하고 있다. 그리고 그 자리에는 오직 "휘몰아치다가 숨죽이다가" 다시 긴 호흡에 들어서는 허공에 꼬리 긴 여운을 보이면서 "소리가 소리를 업고" 멀어졌던 것이다. 어찌 이 같은 자리에 쉼표나 마침표 따위를 얹으려 할 것인가. 이렇게 해서 작품적 상황은 대단원에 들고 '제 속 누런 고름 터트리는' 객석에서 누군가가 안도의 눈물을 흘리고 있다. 긴장에 긴장을 더하면서 최선을 다한 연주자에게 이보다 뜨거운 일이 어디 있겠는가.

 텅 빈 몸과 마음을 헐고 '중심뿐인 소리'가 일렁이는 울림의 중심에 "이루었다. 다 이루었다"는 성경 말씀이 찾아왔고 한가득 미만한 환희가 물결쳤을 것이다.

채석강 벽이 파도를 밀어낸 자리마다
주름이 빼곡하다

파도의 말을 적어놓은 적벽과
낱장마다 누대 연인들의 밀어를 기록해 둔
평상바위

눈 높도록 사랑했던
내 님의 숨소리도 촘촘하게 박힌

적요가 붉다

지치도록
잊혀질까 덜컹거리던 추억이, 아직도
울음얼룩으로 번지는

수직의 저 풍경

비밀문건 같은 내력이
수만 권의 책으로 층층 쟁여져 있다

일말一抹의의 질책도 이별도 없이 생생하다
- 「주름의 기록」

시인은 부안반도 '채석강'에 가서 '파도를 밀어낸 자리마다' 빼곡히 들어찬 세월의 '주름'들과 마주하고 있다. 그곳에서 시인이 눈여겨 본 것은 더도 덜도 아닌

딱 두 개의 사물이었다. 하나는 '적벽'이 적어놓은 '파도의 말'이 그것이고 낱장마다 '누대 연인들의 밀어'를 기록해둔 층 높은 '평상바위'가 다른 하나이다.

 시인은 이곳에서 켜켜이 쌓인 세월을 '누대'로 표현하고 있다. 그리고 그곳에서 찾아낸 시적 서정성이 보다 결곡하다는 것을 "눈 높도록 사랑했"었다 하였고 이를 이같이 표현한 대목에서 "내 님의 숨소리도 촘촘하게 박힌" "적요가 붉다"고 하였다. 여기에서 만난 '붉다'라는 형용사는 몇 개의 의미가 읽히는 말이다. 우선은 서녘 하늘에 뜬 낙조를 그리 말할 수 있겠고 사랑에서 빚어진 '단심' 또한 그 같다거나 사뭇 깊은 '적요'를 그리 읽었을 수도 있다. 그러나 배순옥 시인이 요량한 시적 의미의 거점을 어디에 둘 것이냐는 중요하지가 않다.

 이유는 적벽과 평상바위의 이야기는 현재도 여전한 세월을 견디는 중이고 그것들을 지나치지 못한 채 눈 높도록 사랑했던, 숨소리도 촘촘한 '내 님의 사랑'이 그 같았다는 건 어느 것을 어디에 대입해도 별반 차이가 없겠다는 의미이기도 하다. 그리고 작품에서 읽었던 '사랑' 또한 종류를 뛰어넘어 그들이 간직한 그들만의 사랑의 사연이며 그것이 무엇이든 느낌에 따라 다르게 읽는 것은 상식에 가깝다. 풍경이 '수직'이면 느낌 또한 아찔한 수직이다. 그리고 이들에서 얻은 사물의 표정을 곧이곧대로 드러내자면 "지치도록/잊혀질까 덜컹거리던 추억이, 아직도/울음얼룩으로 번지는" 수직의 풍경이 되어 다가왔다는 의미이기도 하다.

그러면서 채석강이 품은 내력이나 비밀은 커져 있었고 '비밀문건 같은 내력'은 그날부터 지금까지 "수만 권의 책으로" 층층 쟁여 놓았다는 것이다. 그걸 반추라도 하듯 화자가 들려준 음성을 빌어 "일말—抹의의 질책도 이별도 없이 생생하다"고 하였던 것이다.

세월의 주름과 마주한 시인

「주름의 기억」은 여기에서 마무리에 들지만 배순옥 시인이 자신의 시를 대하는 늘품에는 새삼 남다른 정성과 여유가 느껴진다. 그리고 갈피갈피에 시적 의미랄까 표정과 눈빛을 담아낸 그의 시적 운신은 보다 활달하고도 자유로운 눈으로 읽어도 좋을 것이다. 그런 의미에서 우리가 작품에서 만난 '주름'에의 기억은 층층 쟁여진 수만 권의 책으로 대신 태어났고 낱장마다 박혀든 '수직의 저 풍경'에 촘촘한 숨소리가 누대 연인들의 밀어이자 시인이 요량한 시적 의도가 되었고 울음도 이별도 더없이 생생하다는 것을 독서할 수 있었다.

연주 직전
긴 호흡
박꽃 같은 밥상 올리면

아버지의 등짝에 붙은 여섯 살 꼬마 아이
열손 끝이 해바라기처럼 웃고 있다

"한번 들어볼까"

끼니때면 어김없이 밥상 건반 만들어놓고
밥알 같은 음표 옹알거리게 하셨던,

그랬지, 그랬었지
아버지 밥상은 우리 가족의 무대

내 새끼들 이마에 건반을 그렸듯이
나 또한 아버지의 건반이었지
나는 아버지의 빛나는 혹이었지

초록의 파동마다 한 음씩 건져 올리는
먹먹한 사랑

이제서야
여섯 살 꼬마 손가락으로
도 레 도 레 도
아버지 밥상 건반에
정갈하고 환한 성찬 차려드린다
- 「아버지의 밥상 건반」

   동일한 일을 대를 이어서 볼품 있게 어울린 가족의 이야기를 노래의 형식으로 창작한 작품이 「아버지의 밥상건반」이다. 아버지에겐 언제든 화자의 '이마'가 연주가 가능한 '건반'이었다. 터수를 바꾸어서 화자 또한 자식들의 이마를 건반처럼 두드리면서 그 다음을 이어가진 않았을까. 가족음악회 자리마다 배순옥 시인은 아버지에겐 이처럼 '빛나는 혹'이었다.

마찬가지로 배순옥 시인 또한 음악 하는 자식들을 빛나는 혹으로 두드렸을지도 모르겠다. 이 같은 사실만을 미루더라도 화자의 가족은 이른바 하모니 만점의 음악가족임이 분명하다. 요컨대 대를 이어 음악이 곧 생활이었던 시인 배순옥, 아버지의 등짝에 붙어 열손끝이 해바라기처럼 웃고 있었던 '여섯 살 아이'는 그 많은 시간을 음악 속에서 보내며 성장했었다.

식구들이 모인 밥상머리에서 아버지는 딸아이의 솜씨가 궁금하면 '어김없이' '건반을 만들어 놓고' "한번 들어볼까"를 넌지시 던지시는 것이었다. 이리 보면 배순옥 시인이 지나온 유년은 이내 이 같은 음악의 세월이었고 자연스럽게 생활에 편입되었는지라 "밥알 같은 음표 옹알거리게 하셨던" 그 시절에 시인은 가족들의 무대가 아버지의 밥상이었음을 못내 그리워하고 있다.

문학작품은 시든 소설이든 의미나 사연을 담아낸 하나의 이야기를 읽는 일이다. 배경처럼 '연주 직전'은 언제나 긴장하면서 숨을 고르는 시간이고 그 자리에서 올리는 밥상이 바로 "박꽃 같"았음은 물론이다. 그러고 나서 이야기는 여섯 살 아이로 옮겨가고 아버지의 밥상을 무대 만들어 가족들은 음악으로 한자리가 되곤 했었다. 이 얼마나 신명나는 아름다운 무대이고 광경인가.

 초록의 파동'을 따라 한 음 한 음 악보에서 '건져 올린' 것은 다름 아닌 '먹먹한 사랑'이 터 잡고 있다. 이야기를 원위치하여 '이제서야' 화자가 철이 들었다는 말은 아닐 것이다. 어쩌면 "여섯 살 꼬마 손가락"이 "아버지 밥상 건반에" 도 레 도 레 도를 두드리며 차려낸 '먹먹한 사랑'에의 성찬은 더없이 울림이 큰 정갈하면서도 가슴 환한 음악이 되어 가족끼리는 자별한 마음으로 한자리에 나아가는 일은 아니었을까.

> 몸속으로 파고드는 바다
>
> 부풀대로 부푼 그리움이 슬픔과 부상負傷
> 사이에 있다
>
> 저 바다
>
> 사랑의 적금도 요구하지 않는
> 발길의 바다
>
> 가슴이 구멍 나면
> 그냥 가서 항구에 얹힌 너를 만나는 것
> 이별한 연인에게 말을 건네는 것

그리고,
갈매기 울음도 듣는다

마음의 첫눈처럼 다시 피어오른
저녁의 얼굴

모르는 척
다시 주소 없는 반쪽의 말을 건네고 있다

고깃배는 깃발 달고 들어오는데

여수의 저 바다

- 「어느 날, 바다」

제목에 보인 '어느 날'의 '바다'는 미구에 닥칠 각다분한 여러 일들을 예고하는 선언문 같은 시그널로 감지된다. 작품을 읽으면서 맨 먼저 마주친 것은 바다 앞에서 무엇이 화자로 하여금 그리 애상에 젖게 했을까? 였다.

'마음의 첫눈' 같은 '저녁의 얼굴'
지금 화자는 '바다'를 앞에 두고 "몸속으로 파고드는 바다"라는 직핍한 표현을 건너는 중이고 서서히 작품의 품을 열어가고 있다. 시인이 위치한 곳을 '시적 포지션'이라 한다면 '슬픔과 부상 사이에' 시인과 함께인 것이 부풀대로 부푼 그리움인 것은 물론이다. 그러면서 시인은 자신이 전제한 넉넉함에다 '저 바다'를 소환하고 이어지는 자리마다 "사랑의 적금도 요구하지 않는/발길의 바다"를 마련했다고 한 것이다.

그러면서 언제든 필요하면 조건 없이 달려가서 사랑의 마음을 풀어내고 전달할 방도를 그리 표현한 것은 아니었을까. 그리하여 화자가 다다른 곳은 떨쳐낼 수 없는 우리네 생의 현장이었다. 그리고 그 운명이라는 끈에 묶여 '가슴이 구멍'날 만큼의 세상살이를 '그냥 가서' 만나는 것이라고 했을 것이다. 여기에 배순옥 시인이 '너'를 등장시킨 것은 그의 시적 오지랖이 두루 자유자재하고 광활하다는 것이겠고 역설적이지만 여기에 그가 위무하듯 건넨 연인에의 이별이 등장하게 된다.

인간 세상에 시가 존재하는 이유 중엔 견디기 어려운 상처를 마음을 다하여 어루만지는 일이 그 하나인 것은 물론이다. 바로 그것이 '어느 날' 화자가 바다에 나가 그들 연인에게 건넨 효과음 같은 말에는 '그리고'라는 한 텀의 휴지休止가 자리 잡고 있다. 그리고 시인이 갈매기 울음을 듣는 자리에는 일종의 '마음의 첫눈' 같은 '저녁의 얼굴'이 밀려와 있었던 것이다. 이제 시인은 상대를 향해 짐짓 '모르는 척' 표정을 짓고 "다시 주소 없는 반쪽의 말"을 궁리하고 있다.

이 말이 이별을 아파하는 연인을 의미하는 것은 물론이며 상대는 거처가 불명한 상대에게 말을 건네는

상황이고 비로소 시적 연민에 다가가게 된다. 원경遠
景처럼 '여수의 저 바다'에 때마침 '깃발 달고' 고깃배
가 들어오고 있었다. 제목에 담은 '어느 날'은 그런 의
미에서 느닷없다 갑작스럽다 등의 어감이 읽히는 터이
지만 그 뒤에 오는 '바다'는 무심상 넘길 수 없는, 단순
풍경을 넘어선 유의미한 현장으로 갈매기 울음소리를
들으며 '주소 없는 반쪽 말'을 침잠하듯 반추하는 자리
였음은 물론이다.

너의 뒤쪽에서 너를 부른다

저녁 공터 의자 같은 이름

눈에 익은 뒷모습 하나씩 들고 조용히 뒤를 따른다

물안개가 마음을 뒤덮은 한밤중

등피에 문신을 한 거리가 헐렁하다

여수항에 조용히 물이 든다

이름자 하나, 가만가만 내려간다

- 「너에게」.

작품 「너에게」는 이번 시집에서 배순옥 시인이 의도
한 시적 주제로서의 포지션을 담았다는 점에서 독서한

작품이다. "너의 뒤쪽에서 너를" 불러도 저녁시간의 공터에 놓인 '의자 같은 이름'에는 "조용히 물이" 드는 여수항이 위치하고 있다. 그리고 이곳에 새삼 깊은 울림으로 가만가만 이름 하나가 계단처럼 내려가는 곳에 화자가 있고 그게 바로 '너'였음이다.

"물안개가 뒤덮은 한밤중"에도 눈에 익은 뒷모습을 하나씩 들고 나와 조용히 그 뒤를 따르는 자 또한 '너'인 것은 물론이다. 그리고 이 작품에 조금만 주시하면 스미듯이 번져오는 이름도 바로 '너'였었다. 다시금 음미하지만 너의 뒤쪽에서 너를 부르는 '나'라는 존재는 등피에 문신을 한 것 같은 '헐렁'한 거리가 여수항에 닿아있고 '조용히' 스며드는 그 이름과 마주하고 있다. 필자가 배순옥 시인의 여러 작품 중에서 「너에게」를 평설용 작품으로 고른 것은 작품집에 종횡으로 걸쳐진 주제적 대상이 '너'이며 그 의미 또한 자별하다 여긴 때문이다.

부지불식간에 끌고 가는 시적 추진력으로서의 '너'라는 대상이 그런 의미에서 때와 장소를 가리지 않고 작품마다 존재한다고 보여 지기에 화자 또한 더 많은 이야기를 담을 수 있는 것이 아니겠는가.

바이런 키츠 셸리 유類의 낭만주의자들이 심성적인 그리움만으로 인도양에 배를 대고 노를 저어 항해하던 것과 배순옥 시인이 작품의 행간마다 자유롭게 꺼내든 대상으로서의 '너'와는 동일 대상으로 읽어도 무리는 아닐 것이다. 낭만주의 시인들은 감잡히지 않아도 다다를 수 없는 대상을 찾아 배를 타고 먼 길을 떠났었다.

그 자리에는 정도의 차이는 있지만 의례히 시가 되고 노래가 되었던 이국주의Exoticism의 언어들이 기다리고 있었다. 이국주의에는 항용 동경의 정서가 넘실거리며 시적 에너지로서의 '그리움'을 호흡하는 것은 조금 좁혀 생각하면 배순옥 시인에게 '너'라는 대상과 시적 추진력이 동시에 담보된 것과 동일의미라 하겠다. 이나 저나 막연한 동경으로 인도印度를 찾았던 일군의 시인들은 자신들의 원초성에 터 잡은 그 떨쳐낼 수 없는 그리움을 지치지 않고 노를 저을 수 있었던 것이다.

해안선을 타고 침묵이 흘러들고

마찬가지로 배순옥 시인 또한 대상의 구체성에 구애되지 않고 떨쳐나선 자리마다 만났던 대상에의 동경이 바로 그리움을 치환한 '너'라는 대상에 모아지지 않았을까.

> 몸에 착 달라붙은 그리움이 춥고 따뜻하다
> 심장까지 차오른 먹먹한 그림자가 찬란하게 서럽다
>
> 지워지면서 사라지지 않는
>
> 기척 없이 흘러든 동백의 얼굴

방파제 갯바람 소리 같이 고요를 한껏 미는, 너의
짭짤한 침묵

바닷가 해안선 골진 골목으로 들어가
너를 혼자 읽겠다

바다가 늘어놓은 검붉은 파도가 빠져나갈 즈음, 다시
그곳에 너를 증여하겠다

움직일 때마다

겨우, 내가 늙어
겨우, 나를 건져내었으므로

몸에 착 달라붙은 여수항, 겨울모자를 쓴 유년의 그림자가
지독하게 춥고 따뜻하다
─「나를 불러들인 나라」

배순옥 시인은 "몸에 착 달라붙은 그리움"을 '춥고 따뜻하다'고 표현했다. 이 말을 조금 더 친절하게 들여다보면 자신에게 일체화한 '그리움'이라는 한 형태의 마음이 동시에 춥기도 하고 따뜻하기도 했다는 말일 것이다. 그런다 해도 시인의 심성에 그 같은 그리움이 복합적으로 감겨들었던 이유는 무엇일까.

배순옥 시인은 위의 작품에서 "심장까지 차오른 먹먹한 그림자가 찬란하게 서럽다"고 했는데 이 말의 감

도로 치면 체험 중에 얻은 표현이 이리 크고 직핍하다는 것이겠고 그래서 그리 쉽게 읽어 내릴 수 없었던 것이다. 죽을 만큼 진한 그리움은 겪어본 자만이 아는 분외分外의 심정이고 시적 서정성이라 하겠다. 그걸 바로 "지워지면서 사라지지 않는"이라 했을 때 누구에게도 들키고 싶지 않다는 마음에 화자 또한 "바닷가 해안선 골진 골목으로 들어가/너를 혼자 읽겠다"고 했을 것이다.

배순옥 시인의 언어사용은 그 운신이 자못 활달하면서도 갈피갈피 변화를 담아낸 장히 옹골진 기량과 마주하고 있다. 그리고 그만한 자리가 그의 시적 괄목상대를 의미하는 것이기도 하고 구사하는 시적 언어 또한 품이 그만큼 새롭고도 특이하다는 것이 보다 정확한 지적일 것이다. 그리하여 화자가 더 큰 시적 표현에 나아가기 위해 독자의 심중에 김 서린 개연성에 골몰하고 있음 또한 알 수 있다. 문학사에서 개연성은 문학을 문학답게 하는 거의 유일한 통로라 할 만큼 효과적이기에 쓸 만한 문학에는 작가마다 의례히 보다 큰 개연성의 확보에 열심이었던 것이다.

배순옥 시인의 경우도 그 자신 시법詩法을 위해 공들인 노심초사에 주목하였고 유다른 노력과 절차탁마가 그 같은 자리에 이르렀다고 보는 것이다. 그가 여기에 오기까지는 자신만의 남다른 시적 자존심을 전가의 보검처럼 담금질했을 것이다. 그리고 이에 따른 그의 노력 또한 대단했으리란 생각이다. 그 구체적인 것들이 작품의 문면에 깔리지만 몸에 착 달라붙는 그리움이라든지 춥고 따뜻하다 등의 언어에서부터 심장까지 차오른 먹먹한 그림자까지가 찬란하게 서러웠다는 표현 등으로 나아갔음은 물론이다.

그뿐인가, 지워지면서 사라지지 않았다는 표현이나 고요를 미는 방파제의 갯바람 소리라든지 등에서 배순옥 시인의 언어는 노상 해안선을 타고 짭짤한 침묵이 되어 흘러들고 있다. 누구든 자신에게 익숙한 것은 낯선 표현으로 바꾸기가 생각처럼 용이하지가 않다. 익숙하기에 안주하려는 것이 인간이라면 그게 바로 누구나 갖는 속성이면서 통상적 심성이기 때문이다. 이것저것을 쾌도난마처럼 떨쳐내고 적합하다싶은 언어를 작품의 갈피갈피에 옮기기까지는 생각 이상의 장애물이 도처에 버티고 있다.

당연히 그러려니 한 탓에 새롭다든지 특이하다든지 등의 표현이 불가능에 가깝다는 것은 필자도 체험한 터이지만 배순옥 시인은 그걸 자신만의 노력으로 넘어섰다는 점에서 그가 시적 주제와 절차탁마에 얼마나 치열하고 고심참담한가가 상상 중에 그려진다. 평소 필자는 배순옥 시인은 자신의 심적 자존심과 결백증이 대단하다고 여겼었고 시 창작에 관한한 장삼이사에 머무르지 않을 것이라는 수월성秀越性에서 일종의 비장미마저 드는 것을 이번 작품의 독서에서 더더욱 확실해

졌다 하겠다.

  다시금 작품으로 돌아와 이야기를 이어가 보자. 해안선 골진 골목으로 들어가 혼자 읽겠다는, '너'라는 바다를 검붉은 파도가 퇴장할 즈음에야 '너'를 '증여하겠다'로 바꾼 것이다. 움직일 때마다 괜찮다며 흘리는 눈물 또한 '내가 늙'는 시간까지 이어졌을 것이고 그러다가 '겨우' 건져내는 단계에 이르렀다는 것이다. 이쯤에서 "겨울모자를 쓴 유년의 그림자"를 회억하는 시인의 지금의 시간에는 "몸에 착 달라붙는 여수항"이 함께 하고 그 결과 "지독하게 춥고 따뜻하다""는 역설이 생생한 감각 속에 되살아나고 있다.

 "문틈을 툭, 치고 여린 햇살이"

  시인의 말이 아니어도 「나를 불러들인 나라」는 다름 아닌 여수항이 분명하고 이곳에서 '나'와 '너'라는 두 사람만이 서로를 읽기도 하고 증여하기도 하면서 이 늦은 나이까지 지워지면서 사라지지 않는 그리움으로 채워왔었다. 그러면서 화자는 지독하게 춥고 따뜻한 시간을 겨울모자를 쓰고 건너는 중이리라.

   첫 줄은 늘 뼈가 시리고

   회색 고양이가 몸속으로 들어왔다
   모든 출구를 봉쇄 당한다

질서 없이 떠다니는 문장의 벌판
발가벗은 의식의 부피가 거머리 떼처럼 기어다닌다

이목구비도 없이 달려드는
상상의 반란

하루를 쓰고 또 우는
쪽창 하나 없는
사각의 방

문틈을 툭, 치고 여린 햇살이 든다
- 「문 없는 입구 -퇴고」

위의 「문 없는 입구 -퇴고」를 읽는 독자 중에는 "하루를 쓰고 또 우는/쪽창 하나 없는/사각의 방"을 떠올리게 되고 "문틈을 툭, 치고 여린 햇살이"드는 장면을 그림으로 그려보게 될 것이다. 우선 제목이 의미하는 바도 그렇고 '퇴고'라는 작품상의 어휘도 그렇고 이쯤에서 피할 수 없는 일의 하나가 바로 화자가 표현한 '문 없는 입구'가 아니었을까.

모든 문학이 매양 그렇겠지만 작품이 완성되기에는 마땅히 거쳐야 하는 '절차탁마'라는 과정이 버티고 있는데 이는 책임 있는 창작자에게는 더더욱 엄중한 일이라고 생각한다. 그래서일까 화자 또한 작품은 "첫 줄은 늘 뼈가 시리고"에서 출발한다고 했다. 벼르고 벼른 구절임에도 첫 줄부터 영양부족의 현상처럼 '늘 뼈가 시리'다고 했던 것이다. 작품창작에 신중한 이는 알겠지만 글의 첫머리를 만드는데 보내는 시간이 작품창작의 거지반을 차지하는 경우가 많다는 것은 상식이다. 작품이란 노상 출발점에서부터 맘에 드는 단계에까지 생각처럼 쉽지 않다는 것이 창작자가 일상 겪는 통상적인 경험일 것이다.

그런데 이어지면서 몸속으로 회색 고양이가 들어오고 그것을 처리하기 위해 '모든 출구를 봉쇄'하는 상황이고 보면 이 같은 당황스러움을 어떻게 읽어야 할 것인가. 글을 쓰다보면 '문장의 벌판'에 서서 항용 겪는 일로 더없이 막막함을 경험하곤 한다. 그러면서 '질서없이 떠다니'기도 일쑤고 '거머리 떼처럼' 벌거벗은 채로 생각지도 않는 '의식의 부피'가 이질적이면서 실감난 어감으로 기어 다니게 된다. 그러나 글을 쓰는 일의 지난함이 어디 이뿐이던가. 글을 쓰면서 통상적으로 마주치는 '퇴고'란 말은 글 쓰는 자리라면 어디서든 눈 부릅뜬 채 기다리고 있다.

글의 부분 부분에서 여러 번 생각을 고치고 다듬어 가는 일을 '퇴고'라 하는데 이는 당나라의 시인 가도賈島가 '승추월하문僧推月下門'이란 시구를 지을 때 '추推'를 '고敲'로 할까 망설이다가 한유韓愈를 만나 '고敲'로 하였다는 데서 유래한 말이다. 당나라 최대의 문장가에다 사상가이던 한유의 말을 신중하게 받아들인 결과이다. 배순옥 시인에게도 글을 쓰는 일은 늘상 목이 마른 갈급한 일이었을 터. '쪽창 하나 없는/사각의 방'에서 '하루를 쓰고 또 우는' 사람이 바로 우리가 독서한 배순옥 시인이 아니던가.

그때 문틈을 툭 치고 여린 햇살이 들었다는 대목에선 글을 쓰는 일이「문 없는 입구」처럼 막막하기는 해도 '하루를 쓰고 또 우는' 일에 다함없는 작업상의 갈증을 그리 표현한 것이리라. 비유컨대 그리스 신화에 나오는 코린토스 왕 시시포스(시지프스)의 이야기가 이에 적합할 것도 같다. 제우스를 속인 죄로 지옥에 떨어진 그는 바위를 산 위로 들어 올리는 벌을 받는다. 그가 밀어 올린 바위가 코카서스 산정에 이르면 곧바로 굴러 떨어지는 바람에 영원히 이 일을 되풀이할 수밖에 없었다는 이야기다. 세계문단사에는 붓을 댄 자리에서 일필휘지로 써 내린 천재들의 이야기 또한 심심찮게 만날 수 있다.

소위 그들에게선 일종의 객기 같은 이야기가 주류를 이루지만 그것의 한 예로 소동파의「적벽부」가 잘 알려져 있다. 하루는 소동파가 친구를 만나 예의「적벽부」를 내밀었다. 작품을 접한 친구는 한편으로는 소동파가 부럽기도 하여 이런 작품을 쓰려면 얼마의 시간과 노력이 필요하냐고 물었겠다. 이에 소동파 대답인즉 생각이 잡히면 붓 한 번 잡고 앉은 자리에서 끝까지 일필휘지했노라고 말하고는 콧노래를 불렀다.

그렇잖아도 소동파의 문장솜씨는 일국一國에 유명한 지라 소동파를 향한 부러움이 더욱 커지고 말았다. 며칠이 지나 친구가 소동파의 집에 들렀는데 때 마침 소동파가 부재중이었다. 부인의 말로는 오래지 않아 들어오실 터이니 기다리시라 하여 이 곳 저곳을 두리번거리는데 소동파의 서안書案 앞 방석 밑으로 삐죽이 내민 종이뭉치가 보였다. 궁금하여 들춰보니 온통 전날 읽은 「적벽부」의 '파지'였다. 아니 이럴 수가! 일필휘지했다는 「적벽부」가 이리 많은 파지를 내고도 그리 말할 수 있단 말인가. 친구는 소동파를 만나면 단단히 따지겠다 벼르면서 집으로 돌아왔다.

그리고는 며칠이 지나 다시 소동파를 만났고 「적벽부」의 파지 이야기부터 꺼내 들었다. 그랬더니 소동파가 되레 한술 더 떠서 친구를 자기 집 장독대로 데리고 가서는 항아리 뚜껑을 하나하나 여는데 항아리마다 「적벽부」 파지가 가득가득 담긴 것이 아닌가. 그걸 들추면서 소동파는 이렇게 말하였다. 좋은 작품을 쓰려면 수많은 파지를 감내하지 않고서는 꿈도 꿀 수 없는 것이라고. 이 얘기는 문장의 절차탁마를 설명하는 자리에는 으레 등장하는 너무도 잘 알려진 얘기다. 우리나라 문단에서 평생을 절차탁마를 계속한 「소나기」의 작가 황순원 선생의 얘기는 예로 드는 것조차 새삼스럽다. 그래서 나온 말이 "절차탁마가 명작을 만든다"던가. 배순옥 시인의 작품 또한 지독한 절차탁마의 결과물인 것은 물론이다.

봄녀석, "3월을 버리고" 환승한 2월

그의 시업詩業이 이처럼 일신日新을 거듭하고 울림과 느낌이 자별한 이유는 뭐니 뭐니 해도 절차탁마로 설명할 수밖에 없을 것이다. 직접 접하지는 못했지만 상상 이상으로 작품창작에 치열한 배순옥 시인의 절차탁마가 오늘의 그의 작품적 성과를 빚은 것으로 말하고 싶다.

> 겨울나비가 챙겨온 씨앗 하나를
> 2월 한쪽 바닥에 툭 내던지니
>
> 성질 급한 봄녀석이
> 3월을 버리고 황망한 2월로 환승한다
>
> 개나리 피고
> 산수유 피고
> 휘둥그레진 송아지 눈빛도 초록 들판에 뛰어든다
>
> 동해바다 명태까지 물길을 갈아탄다
> ―「위기의 기후」

「위기의 기후」는 제목이 말하듯 재앙처럼 바뀌고 있는 기후의 변화에 대해 시인의 우려스러운 목소리로 노래 된 작품이다. 위의 작품은 내용은 짧고 이야기의 길이 또한 단순하지만 담아낸 줄거리는 결코 가볍지가 않다. '겨울나비'에서 시작한 이 작품은 물길을 갈아탄 동해바다 명태까지를 걱정의 눈으로 살피고 있다. 우선 '겨울나비'라는 단어자체가 시절에 비추어 무심상 넘길 말이 아니었음이다.

겨울에 피는 꽃이 없는 것은 아니지만 그 꽃에 날아든 겨울나비는 지금까지는 낯선 사물이기 때문이다. '나비'는 밤에는 활동을 접는 대표적인 곤충이며 몸은 가늘고 빛깔이 아름다운 것이 특징이라 하겠다. 그중의 하나인 겨울나비가 '씨앗 하나'를 챙겨다가 2월의 한쪽 바닥에 '툭'하고 내던진 것이다. 그러잖아도 기후 온난화다, 아열대 기후다 말들이 무성한 판에 일찍 온 '봄녀석'이 "3월을 버리고" 황망하기 이를 데 없는 2월로 환승을 한 것. 겨울나비도 낯선 판에 우수 경칩이 코앞인 2월에 여러 꽃들이 세상을 대궐처럼 피워댔다면 말이 되겠는가.

그 등속等屬이 바로 개나리나 산수유 등이고 일찍 찾아든 초록 들판에 이게 웬 떡이냐 싶게 눈이 휘둥그레진 송아지가 뛰어든다면 이 또한 놀랄 일이 아닐 수 없겠다. 우리는 이런 현상들을 마냥 팔짱끼고 좋다고만 할 수 없는 것이 현실이고 보면 지구의 종말에 대해서까지 인간들의 걱정만 태산처럼 커지고 만다. 보았겠지만 이 같은 이유로 봄꽃 나부랭이가 최소 보름이나

한 달쯤 앞당기는 것은 이제는 더 이상 신기할 것도 이상한 일도 아니다. 그걸 마냥 손 놓고 바라보기만 해야 하는 우리네 인간의 처지가 더없이 딱한 것이 아닌가. 「위기의 기후」는 인간이 저지른 잘못을 부드럽지만 강한 어조로 질타하는 작품이란 점에서 의미가 있다. 그럼에도 표현이나 담아낸 내용이나 기교가 능숙하여 그 같은 느낌 없이 메시지를 접할 수 있었다.

우문이라 생각하겠지만 세상에서 시가 사라진다면 그때는 어찌 될까! 아무도 놀라거나 당황하지 않을 것이다. 그럼에도 불구하고 시가 사라진다면 세상은 그만큼 삭막해질 것이다. 놀라지 않는 것과 삭막해지는 것과의 사이에서 우리는 시의 존재적 위의威儀를 이야기할 수 있다. 자극적이고 찰나적인 것들이 넘쳐나는 세상에서 시의 유무 따위가 무에 그리 대수라고 이리 너스레를 떠는지 모르겠다는 반응 말이다.

평소 필자는 시란 무엇인가? 라는 질문을 자주 받는다. 솔직히 필자는 시란 무엇인가라는 물음 앞에서 '시는 시시한 것'이라는 다소 희화적인 답변으로 응대하곤 한다. 그러나 여기서 말한 '시시한 것'이라는 말은 단순 의미를 넘어선다는 사실을 전제하고자 한다. 이유는 세상에 미만한 악취를 걷어내고 새 생명을 키우고 새살이 차오르게 하는 극적 처방이 바로 우리가 시큰둥하고 시시하다던 한 편의 시작품이라는 사실이다.

배순옥 시인의 시작품을 독서하면서 이런저런 상념

에 사로잡혔음을 밝혀야겠다. 이 분은 이미 문학과 이웃한 '음악'분야 대학 강단에서 많은 후진들을 교육했고 자신 또한 이 세계에서 피아니스트로 일가를 이룬 터라 그 뒷감당만으로도 부족할 것 없는 분이다. 시를 쓰지 않아도, 시집을 출판하지 않아도 하등 구애될 것이 없는 분이기에 이 일에 뛰어든 일에는 그에 마땅한 이유가 있을 것으로 여겼던 것이고 시를 읽는 전제조건만큼이나 그 시가 무엇을 이야기하는가를 목표하고 있다. 그러나 여기에서 한 발자국 걸어 나와 배순옥 시인의 언어적 조합에 참여하거나 적응하면서 외려 그것들의 선도적 의중을 견인한다면 그것을 바탕 삼아 배순옥의 시 이야기를 끌어왔다고 할 것이다.

노파의 신산한 삶에서도 '못 견디게 선한 얼굴'(「노파의 실금웃음」)을 읽어내고 '너'를 소환한 자리에서 '새끼 봄'의 시그널(「잔설」)을 살피는 것 또한 이채롭다 하겠다. 풍정에 비추어 본 '고요도 한한' 동그라미 음문(「박꽃」)이라든지 손가락에서 심장이 들끓던(「피아노 그리고 나」) 연주회는 마냥 뜨겁기만 했었다. 청춘의 기운으로 구름의 뒤쪽을 열어가는 호연지기(「출항, 그 알 수 없는 떨림」)라든가, 피아노 건반을 두드리는 한 연주자의 무아지경(「소리의 밑동 다 열고」)을 읽었었고 파도를 밀어낸 자리마다 빼곡이 들어찬 '세월의 주름'(「주름의 기록」)에서 소재와 대상이 두루 자유자재함을 눈여겨보았다. '밥알 같은 음표 옹알거리게 하셨던' 아버지의 밥상에선 배순옥 시인의 음악적 열손가락이 열렸음이나(「아버지의 밥상건반」), 적금도 요구하지 않는 '발길의 바다'를 노래하면서(「어느 날 바다」) 시적 추진력으로서 '너'라는 대상이 만들어낸 더 많은 이야기에(「너에게」) 참여하고 지워지면서 사라지지 않는 '너'를 '혼자 읽겠다' 했었다. 「나를 불러들인 나라」에서 배순옥 시인만의 시적 수월성이 읽히는 것은 물론이고 "하루를 쓰고 또 우는/쪽창 하나 없는/사각의 방"에서 뼈가 시리게 몰두한 시창작에의 열정(「문 없는 입구-퇴고」)이나 '겨울나비'에서 '물길을 갈아탄 동해바다 명태까지를 걱정하는'(「위기의 기후」) 언어들도 세상을 진단하고 짚어내는 시적 자별함이 되어 그만큼의 실감을 감 잡게 한다.

  배순옥 시인, 그가 보인 시적 에너지는 시의 주체와 객체를 향한 교감과 동화, 갈증, 애환, 정한 등으로 대별할 수 있을 것이다. 사물과의 소통에는 언어를 통한 시적 서정성이 그 출발점이라 하겠다. 시인의 언어가 위치하는 곳은 그래서 늘상 사물을 향한 새로움을 특이함으로 치환하는 지점이었다. 시인의 문학적 일상은 사물을 접속하여 "시의 감각을 찾아가는" 일의 연속일 터이고 거기에다 시의 생명력을 담아내는 일이 한 편의 시가 태어나는 일과 맞먹는다면 이는 '출산의 고통'에 비견하는 것이 마땅하다 하겠고 이에 이르기까지 견디고 순응하는 시인만이 시적 성과 또한 대단할 것

임은 물론이다.

뜨거운 샘자리, 새순 키울 우듬지

이번 시집에서 드러난 배순옥 시인의 시적 서정성은 생수 한 모금 같은 생명감이 압권이다. "겨우, 내가 늙어/겨우, 나를 건져내었으므로"「나를 불러들인 나라」처럼 "늙어"의 시어는 생명감을 넘어선 것이지만 한 겹 더 깊이 들어가 보면 그것은 생명의식에 대한 갈구와 절실함에 값한다는 사실이 눈여겨진다. 저녁놀이 번진 하늘에다 생에 대한 집착과 미련을 비춰보면 어찌 떠오르는 아침놀이 그에 비견한다할 것인가? 그러기에 배순옥 시인은 인생 후반기의 그 뜨거운 샘자리에서 새롭게 우거질 희망의 숲을 노래하고 있다. 이번 시집에서 그가 창작한 시작품들이 우리네 절망을 녹여내고 새살이 차고 새 생명의 새순을 키울 확신을 응원하는 마음으로 무잡한 필을 접는다.